AF290084

COMMUNIQUER EFFICACEMENT AU TRAVAIL

Les étapes-clés d'une communication réussie

Par Virginie De Lutis

50MINUTES.fr

COMMUNIQUER EFFICACEMENT AU TRAVAIL — 9

B.A.-BA DU CHAMPION DE LA COMMUNICATION EN ENTREPRISE — 13

Les principes de la communication

La communication en entreprise

Adapter son attitude

TOP CONSEILS — 37

FAQ — 43

À quels aspects dois-je faire attention quand je communique avec mes collègues ?

Quels types de communication puis-je trouver en entreprise ?

Comment communiquer avec mon supérieur ?

Comment rendre mes réunions efficaces ?

Comment éviter les rumeurs et les jeux de pouvoir ?

À quoi servent les évaluations et les feed-back ?

Dois-je communiquer différemment si je suis une femme ?

Comment rétablir la communication au sein de mon équipe ?

À VOUS DE JOUER — 53

S'affirmer

Restaurer la confiance dans votre équipe

POUR ALLER PLUS LOIN — 57

COMMUNIQUER EFFICACEMENT AU TRAVAIL

- **Problématique ?** Comment développer une communication saine et claire en entreprise ?
- **Utilité ?** Une bonne communication en entreprise est nécessaire pour motiver et améliorer l'efficacité des employés, résoudre les conflits ainsi qu'entretenir des relations professionnelles harmonieuses.
- **Contexte professionnel ?** Relations professionnelles, communication professionnelle, ressources humaines.
- **FAQ ?**
  - À quels aspects dois-je faire attention quand je communique avec mes collègues ?
  - Quels types de communication puis-je trouver en entreprise ?
  - Comment communiquer avec mon supérieur ?
  - Comment rendre mes réunions efficaces ?

- ◦ <u>Comment éviter les rumeurs et les jeux de pouvoir ?</u>
- ◦ <u>À quoi servent les évaluations et les feed-back ?</u>
- ◦ <u>Dois-je communiquer différemment si je suis une femme ?</u>
- ◦ <u>Comment rétablir la communication au sein de mon équipe ?</u>

Essentielle au bon fonctionnement de toute entreprise, la communication peut pourtant être source de malentendus, voire de conflits, et engendrer une ambiance nuisible au bien-être et à l'efficacité des salariés. Rumeurs, sous-entendus, non-dits, il n'est pas rare de rencontrer ce genre de situations au cours de notre vie professionnelle, alors intéressons-nous de près à ce phénomène.

Mais comment donc s'y prendre pour privilégier des échanges efficaces et sains qui respectent et motivent les employés ? Là où les anciens modèles noyaient d'informations les principaux intéressés sans tenir compte de l'aspect humain, les entreprises actuelles développent de plus en plus de stratégies favorisant et nourrissant une communication tolérante, utile et de proximité. Établir un tel processus prend néanmoins du temps et suppose de respecter certains principes. En 50 minutes, ce livret remet en perspective les différentes facettes qui composent toute communication interne ainsi que les obstacles que vous pouvez rencontrer au sein d'une entreprise, et vous propose des solutions pour réussir à transmettre des messages clairs et efficaces en vue d'améliorer vos relations professionnelles.

B.A.-BA DU CHAMPION DE LA COMMUNICATION EN ENTREPRISE

LES PRINCIPES DE LA COMMUNICATION

Les éléments d'une communication

Toute communication comporte trois éléments principaux : un émetteur, un message et un récepteur. En partant de ce schéma classique, nous examinerons les caractéristiques essentielles des échanges entre collègues, équipes et supérieurs.

L'émetteur produit le message consciemment ou inconsciemment :	• en s'adressant à son interlocuteur directement ; • en transmettant des messages à travers ses émotions, les positions de son corps, etc.
Le message revêt différentes formes selon les occasions. Il peut s'agir :	• d'un message uniquement verbal ; • d'un message verbal accompagné d'un message non verbal. Les deux peuvent se contredire ; • d'un message non verbal, c'est-à-dire d'une attitude choisie ou non, qui communique sans pour autant émettre un seul son (le silence est un élément de communication).
Le récepteur perçoit le message. Il peut réagir de plusieurs façons :	• il prend en compte l'information qu'il reçoit ; • il réagit au discours ; • il ignore ou passe à côté de ce message sans même s'en rendre compte.

Ces éléments donnés à titre d'exemple dans le tableau ci-dessus ne sont pas exhaustifs mais peuvent, pourtant, vous rappeler des collègues ou des situations vécues. Pour que vos messages soient entendus et compris, parler ne suffit pas : vous devez communiquer, c'est-à-dire vous connecter à votre interlocuteur. Durant ces échanges relationnels, également appelés « transactions » par Éric Berne (psychiatre américain, fondateur de l'analyse transactionnelle, 1910-1970), nous créons des rôles interchangeables. D'après le spécialiste, nous répondons tous à trois « états du moi » – l'Adulte, le Parent et l'Enfant – et jonglons entre eux selon les échanges et la position qu'adopte notre interlocuteur. Bien plus, les intervenants peuvent changer de rôle au cours d'une même conversation, en fonction de leurs émotions et du sujet évoqué.

La communication non verbale

La réussite de notre communication ne dépend pas uniquement des mots (écrits ou parlés) : le langage non verbal joue également un rôle important. Selon Albert Mehrabian (professeur de psychologie, né en 1939), il semblerait même que ce dernier type soit le plus communicatif :

Les types de langages

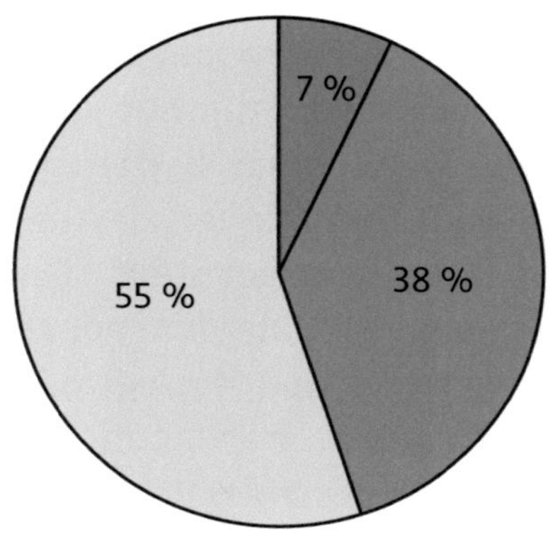

Prenez conscience des éléments composant le langage non verbal afin de maîtriser les informations que vous transmettez.

Les gestes et attitudes

Votre démarche, votre posture, vos expressions de visage sont autant d'éléments qui traduisent qui vous êtes et ce que vous ressentez. De la même manière, l'absence d'attitudes et de gestes est une indication de communication.

Une technique de PNL (programmation neuro-linguistique) connue consiste à mimer avec finesse l'attitude de votre interlocuteur afin de créer une proximité immédiate.

La voix

Le ton de votre voix et votre débit constituent une partie importante du langage non verbal. La congruence entre ces facteurs, votre attitude et le message énoncé est extrêmement important pour votre interlocuteur.

Enregistrez-vous lors d'une conversation avec un ami, cela vous donnera une première impression de ce que vous transmettez en parlant, au-delà des mots.

Les odeurs

Dans ses études, Martha McClintock, psychologue américaine (née en 1947) explique que nous émettons des odeurs en fonctions de nos sentiments (stress, tristesse, colère, etc.) et que nous sommes attirés par des gens au profil olfactif semblable au nôtre. L'expression « je ne peux pas le sentir » prend ici tout son sens, puisque les signaux olfactifs envoyés par notre corps correspondent à des émotions.

Attitudes conseillées	Attitudes à éviter
• Regardez votre interlocuteur dans les yeux afin de garder un contact visuel. • Ayez des poignées de main fermes. • Détendez votre visage et souriez. • Respectez l'espace de votre interlocuteur et ne vous approchez pas trop près. • Soignez votre apparence (vêtements, odeurs, etc.)	• Se frotter les mains, ou la nuque, révèle une sensation de doute ou d'insécurité. • Dire « oui » tout en faisant « non » de la tête traduit une contradiction dans vos idées. • Se pencher en arrière sur sa chaise indique un retrait de la conversation. • Croiser les bras vous ferme à toute discussion. • Courber le dos démontre un manque de confiance en soi. • Gesticuler dans tous les sens et jouer avec vos cheveux.

La communication verbale

Même s'il ne représente que 7 % de notre communication, le langage verbal est la base de l'information de l'Adulte, pour reprendre le modèle de Berne. En vous basant sur des informations objectives, votre communication gagnera en clarté. Pour échanger efficacement, intéressez-vous aux astuces suivantes :

- communiquer c'est s'engager, s'impliquer. Exprimez-vous en commençant vos phrases par « je » : « je pense », « je suggère », « je propose », etc. Ainsi vous exprimez votre ressenti et vos idées sans incriminer l'autre et sans vous baser sur des rumeurs. Par exemple, dites « je suis débordé » plutôt que « vous ne faites pas attention à ma charge de travail » ;

- si vous ne comprenez pas une information, demandez des précisions immédiatement afin de ne pas laisser planer de doutes ou de quiproquos ;
- la technologie la plus avancée n'améliore pas nécessairement la communication. Veillez donc à soigner vos e-mails et écrits professionnels lorsque vous échangez. Employez des formules de politesse, soyez bref et précis, etc. ;
- imposez-vous quand cela est nécessaire. Si quelqu'un vous coupe la parole, n'hésitez pas à lui demander pourquoi il vous interrompt et à lui faire remarquer que vous étiez en train de parler ;
- de même, lorsque quelqu'un s'adresse à vous, écoutez-le attentivement, sans le couper et en restant concentré ;
- adaptez votre vocabulaire à votre interlocuteur afin qu'il comprenne vos propos.

LA COMMUNICATION EN ENTREPRISE

Pourquoi mérite-t-elle toute notre attention ?

Une bonne communication interne est la base de toute réussite en entreprise. Elle sert, entre autres, à :

- s'assurer que les objectifs et les consignes soient compris ;
- fédérer les salariés autour d'un projet ;
- faire participer les employés et les impliquer dans la culture de l'entreprise ;
- motiver les employés ;
- résoudre les conflits ;
- assurer des relations équilibrées et agréables ;
- créer un climat convivial.

La communication formelle

La communication formelle correspond à l'ensemble des échanges officiels entre les individus d'une entreprise. Il peut s'agir :

- d'écrits professionnels comme l'e-mail, la note de service ou encore le compte-rendu de réunion qui, avec le temps et les nouvelles technologies, peuvent varier du tout au tout. On notera ainsi la conscience citoyenne des entreprises qui privilégient les messages électroniques aux communications papier. D'autres cependant n'ont pas encore investi dans le système informatique et préfèrent les versions imprimées ;
- des échanges oraux tels que les réunions, les feed-back et les entretiens.

La communication formelle peut prendre plusieurs formes :

Type de communication formelle		Flux d'information
Descendante ou hiérarchique	D → T	De la direction aux travailleurs
Ascendante ou salariale	D ← T	Des travailleurs à la direction
Latérale ou horizontale	T_1 ↔ T_2	Échange entre travailleurs du même niveau ou dans les structures non hiérarchisées

LE MANAGER COMME CHEF D'ORCHESTRE

Depuis peu, une nouvelle méthode de management fait son apparition dans les entreprises : le MBWA (*Managing By Wandering Around*) traduit en français par « management de proximité » ou « management par l'écoute et la rencontre ».

Plutôt que de se focaliser sur les rapports et les réunions, le manager prend le temps de discuter avec les membres de son équipe et se rapproche de leur quotidien. Cette proximité l'aide à vérifier l'adhésion de son équipe aux consignes et leur compréhension des décisions, à s'assurer du bon fonctionnement des outils de communication interne et à repérer les aspects à améliorer, à recenser l'avis des salariés et également à féliciter et motiver son équipe. En allant à leur rencontre et en les écoutant, le manager renforce indirectement l'efficacité de la communication formelle.

Le support et l'objectif de chacun de ces échanges sont déterminés par l'émetteur du message en fonction des notions vues plus haut. Par exemple, un patron peu disponible communiquera essentiellement par e-mail en passant par ses managers pour qu'ils relaient les instructions ou en s'adressant directement à ses employés pour maintenir un contact avec eux. Ici encore, la manière avec laquelle l'information est diffusée dépend de la philosophie de travail et de la culture de l'entreprise.

La communication informelle

La communication informelle correspond à l'ensemble des échanges non officiels, effectués sur le lieu de travail, mais ne traitant pas forcément de problématiques professionnelles. Il peut s'agir de discussions autour de la machine à café, entre deux bureaux, durant le repas du midi, la pause cigarette, etc. Certains dirigeants se méfient de ce type de communication, car elle est spontanée, affranchie de toutes normes et véhicule des informations souvent non vérifiées (rumeurs, potins, etc.) qui peuvent engendrer des conflits et des malaises. Tout comme la communication écrite, elle peut se faire via différents supports, écrits (e-mails, post-it) ou oraux, et présente plusieurs avantages :

- elle offre un statut et satisfait les besoins de reconnaissance et d'appartenance au groupe ;

- elle favorise le partage des valeurs sociales et culturelles au sein d'un collectif ;

- elle encourage la collaboration en créant des liens entre les employés.

Il n'existe pas de règles à suivre ni de mode d'emploi magique. Aussi, respectez les principes de bienséance en vue de développer et d'entretenir des relations professionnelles saines et productives.

ADAPTER SON ATTITUDE

Quel que soit le type de communication, l'attitude que nous adoptons est déterminante et conditionne le déroulement de l'échange. Selon Éric Berne, il existe trois états, qui correspondent à des comportements spécifiques :

- **(P) le Parent** qui imite la figure parentale, à la fois autoritaire et bienveillante ;
- **(A) l'Adulte** qui se préoccupe de l'aspect factuel des choses, des informations logiques et rationnelles, ici et maintenant ;
- **(E) l'Enfant** qui fait référence à notre vécu et nos souvenirs d'enfance.

Le tableau suivant vous apporte les précisions nécessaires pour comprendre la complexité de ces états.

État du moi	Descriptions	Exemples
P normatif ou critique	Représente la loi. Fonction de protection et d'éducation. Tendance à juger et sanctionner.	« Tu es en retard, c'est inadmissible ! »
P nourricier ou sauveteur	Fonction de permission et d'encouragement. Empathique et chaleureux. Tendance à surprotéger.	« Tu devrais prendre soin de toi. »
A	Analyse les faits. Objectif, rationnel et égalitaire. Tend à résoudre et éviter les conflits.	« À quelle heure est la réunion ? »

E libre ou spontané	Exprime ses besoins et ses émotions de base spontanément.	« J'adore ton chemisier, je veux le même. »
E adapté (rebelle ou soumis)	S'exprime en réaction aux comportements d'autrui	« Je ne le ferai pas ! ». « Ce n'est pas de ma faute. »

Afin d'entretenir des échanges constructifs et appropriés au sein de l'entreprise, les transactions (ou échanges) doivent impérativement être complémentaires, c'est-à-dire d'Adulte à Adulte ou de Parent à Enfant.

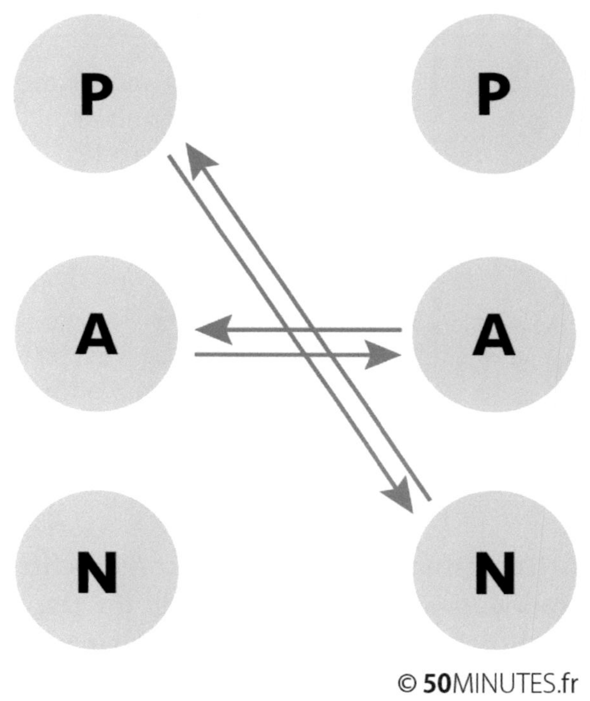

Attention, si vos transactions se croisent, cela peut créer des conflits.

> **Par exemple :**
> - « À quelle heure arrive-t-il ? » (Adulte)
> - « Tu devrais le savoir ! » (Parent)

Dans ce type de transaction, l'équilibre n'est pas respecté car un des deux intervenants est traité comme un enfant, alors qu'il se positionnait en Adulte comme nous l'indique le schéma ci-dessous :

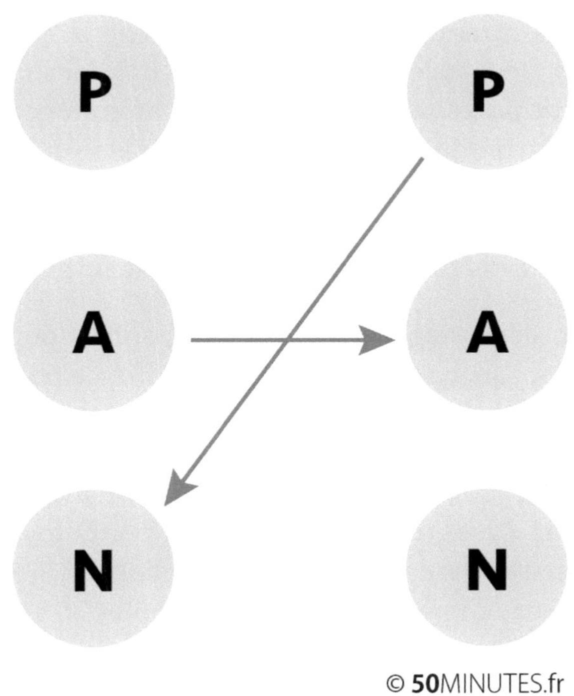

Soyez attentif à ce genre de décalages, car les jeux de pouvoir ont souvent lieu à l'insu des participants. Ils engendrent des effets négatifs sur la productivité de l'entreprise et génèrent des rancœurs au sein de l'équipe. Lorsque vous échangez avec vos collègues ou supérieurs, toutes vos communications révèlent votre état.

Afin de se dégager de jeux relationnels déplaisants, l'analyse transactionnelle offre de bonnes solutions en invitant à adopter l'état le plus approprié en fonction de chaque situation. Ainsi, si vous vous comportez comme un « Parent normatif » avec tout le monde, il est plutôt logique que cela crée des tensions entre collègues. Si vous désirez obtenir des résultats d'employés, veillez à fonctionner en tant qu'« Adulte » en fournissant des instructions factuelles (quand, où, à qui, etc.). Si vous souhaitez considérer vos confrères de façon professionnelle (donc d'Adulte), agissez de la sorte. Pour certains échanges informels, où la bienveillance (Parent) est de mise, adoptez un comportement plus empathique et chaleureux dans vos propos et votre attitude. Par exemple, si votre employé manifeste une grande démotivation dans son travail, mais ne l'admet pas, plutôt que d'accepter son déni ou de le forcer à parler, concentrez-vous sur votre objectif : y voir plus clair en vue d'améliorer la situation professionnelle. Pour ce faire, placez-vous dans l'état qui vous semble adéquat. Parent normatif autoritaire ? Adulte neutre et rationnel ? Peut-être devriez-vous tenter le Parent nourricier bienveillant et chaleureux.

Mise en situation

Situation	La bonne réaction	La mauvaise réaction
« J'attends votre rapport depuis ce matin, est-il enfin terminé ? » (Parent normatif)	« Je suis en train de le terminer. » (Adulte)	« Si seulement vous arrêtiez de me déranger, je pourrais le finir. » (Enfant rebelle)
« Je ne vais jamais réussir à terminer ce rapport à temps. » (Enfant soumis)	« Mais si, tu es notre meilleur atout sur ce projet. » (Parent nourricier)	« Tu as raison, ça va être très compliqué. » (Enfant soumis)
« Allez viens, c'est l'heure de la pause-café. » (Enfant libre)	« Super, je te rejoins. » (Enfant libre) « Je ne vais pas pouvoir, je dois finir ce dossier pour la réunion de demain. » (Adulte)	« Tu ne travailles jamais, toi. » (Parent normatif)

TOP CONSEILS

- **Exprimez-vous en utilisant le pronom « je ».** Vous prouverez ainsi votre implication dans la conversation et assumerez vos positions. Préférez la forme positive à la forme négative. Par exemple, dites « Tu te rappelles que nous avons une réunion demain ? » plutôt que « Tu n'as pas oublié la réunion de demain matin ? »
- **Adoptez un langage corporel bienveillant** afin de mettre à l'aise votre interlocuteur. Éliminez autant que possible les tics comportementaux qui trahissent votre nervosité, votre malaise ou encore votre colère (gesticuler nerveusement, cacher ses mains dans les poches, se ronger les ongles, etc.). Votre interlocuteur se concentra alors sur vos propos et non sur votre langage corporel.
- **Contrôler vos émotions.** Quelle que soit la situation (feed-back négatif, réflexion désagréable de la part d'un collègue, etc.), ne vous montrez pas agressif ou sur la défensive, cela n'aboutira à aucune solution saine. Prenez du recul, tentez de comprendre votre interlocu-

teur et, si besoin, de lui expliquer calmement ce qui vous déplaît en vue d'apaiser la tension.

- **Instaurez des relations de confiance** autour de vous. Agissez avec bienveillance pour encourager vos collègues à faire de même. Dans cet ordre d'idées, dénoncez et condamnez tout comportement abusif, sexiste, raciste ou humiliant. Ces attitudes sont intolérables au sein de toute communauté et peuvent mener à la démission, voire au burn out, de certains employés.

- **Adaptez-vous à votre interlocuteur.** Soyez attentif à son langage verbal et corporel. S'il est tactile, donnez-lui l'accolade ; s'il est visuel, imagez votre discours à l'aide d'exemples concrets ; s'il est plutôt auditif, préférez la communication orale aux écrits ; etc. De plus, ajustez votre manière de vous exprimer selon que vous vous adressiez à votre supérieur ou à votre collègue direct(e).

- **Organisez des journées portes ouvertes en interne**, de manière à encourager les échanges et à renforcer la collaboration entre les départements. Faites découvrir le fonctionnement interne à vos collègues afin que chacun prenne conscience des processus et des rôles de chaque service. Cela réduira considérablement les incompréhensions et les décalages.

- **Développez un réseau interne**. Le réseau interne représente une banque d'informations et de connaissances intéressante et bénéfique pour toute l'entreprise. Il invite les employés à échanger ponctuellement sur des aspects précis (plutôt que sur du contenu généraliste que personne ne consulte). À titre d'exemple, un département pourra créer un journal décrivant son activité au jour le jour, ce qui facilitera grandement le travail du service en charge de la reprise du dossier dans un avenir plus ou moins proche. Vous pouvez également créer un réseau social d'entreprise. Basé sur les modèles des réseaux sociaux classiques, il offre aux employés la possibilité d'échanger, de publier et de communiquer rapidement entre eux. Cela renforcera leur cohésion.

- **Fixez des moments précis pour communiquer** afin ne pas déranger et déconcentrer vos interlocuteurs à tout moment de la journée. Organisez des réunions d'information et des entretiens si vous avez besoin de temps avec la personne concernée. N'oubliez pas de la prévenir à temps en lui indiquant de quoi il retourne. S'il s'agit uniquement d'un détail à transmettre, essayez d'en parler autour d'un café ou durant la pause de midi.

- **Privilégiez les réunions collectives ou les tête-à-tête** en fonction du type d'information à délivrer. Si vous devez recadrer un employé suite à un comportement inapproprié, inutile de convier toute l'entreprise. Suite aux réunions collectives, mettez à disposition le compte-rendu des décisions prises afin d'informer les intéressés (présents ou absents).
- **Aménagez un espace de détente** pour favoriser les échanges informels. Cela améliorera les relations professionnelles et l'ambiance de votre équipe. Les réunions les plus brèves ou informelles peuvent également s'y tenir.

DES RELATIONS ALTRUISTES

Matthieu Ricard, docteur en biologie devenu bouddhiste, prône l'altruisme comme facteur de réussite en entreprise. Selon lui, l'homme est naturellement tourné vers les autres, et non vers lui-même. Dans ce sens, les statistiques de l'OCDE (Organisation de coopération et de développement économique) déterminent que le critère du bonheur numéro 1 est, de loin et partout, la qualité des relations. Leurs recherches dévoilent qu'une bonne communication passe par l'altruisme et des interactions saines avec ses collègues. Selon Ricard, la pratique de la méditation pourrait devenir un outil de cohésion d'équipe, car elle encourage la coopération et l'harmonie durable et favorise le développement d'un environnement sain et bienveillant. De nos jours, certaines entreprises créent des espaces de relaxation et invitent leurs employés à y méditer seul ou à plusieurs en vue d'améliorer leurs relations et, ainsi, leurs communications.

FAQ

À QUELS ASPECTS DOIS-JE FAIRE AT-TENTION QUAND JE COMMUNIQUE AVEC MES COLLÈGUES ?

De nombreux aspects sont à prendre en compte : vos gestes, votre attitude, votre apparence, le débit de votre voix et les mots que vous employez. En créant un ensemble harmonieux, vous émettrez des messages clairs et directs. Par ailleurs, soyez attentif à votre interlocuteur lorsqu'il vous parle, regardez-le dans les yeux et écoutez-le. Concentrez-vous sur ce qu'il exprime et son langage corporel. Si vous n'avez pas compris une information, demandez des explications supplémentaires. Si vous sentez qu'une émotion se cache derrière ses propos, parlez-en de façon bienveillante : le but ici n'est pas de jouer au psychologue, mais bien de favoriser une communication franche et honnête entre collègues.

QUELS TYPES DE COMMUNICATION PUIS-JE TROUVER EN ENTREPRISE ?

Les types de communication et les supports utilisés varient en fonction de la taille de la structure dans laquelle vous travaillez et de la culture de votre entreprise. Cependant, il est généralement nécessaire de maîtriser l'informatique, car les e-mails, l'intranet et les visioconférences représentent les outils de communication les plus fréquents. Bien sûr, il existe également une communication verbale, orale qui passe par les réunions, les feed-back et les entretiens, sans oublier les échanges informels autour de la machine à café.

COMMENT COMMUNIQUER AVEC MON SUPÉRIEUR ?

Selon la philosophie et le fonctionnement interne de l'entreprise, il se peut que vous n'ayez jamais de contact avec le grand patron. Dès lors, votre supérieur sera un manager qui lui-même répondra aux standards de la politique interne de votre entreprise. Si vous souhaitez favoriser la collaboration, renseignez-vous dès l'entretien et demandez qui sera votre supérieur afin que les rôles soient clairement établis. Dans tout échange, laissez votre supérieur s'exprimer sur le mode de communication et sur le ton qu'il préfère (familier, froid, direct, etc.) et adaptez-vous à son attitude. Par précaution, vouvoyez-le au départ et gardez une certaine distance professionnelle, au moins le temps de mieux le connaître.

COMMENT RENDRE MES RÉUNIONS EFFICACES ?

Ne confirmez pas votre présence à une réunion si vous ne connaissez pas l'ordre du jour. Demandez des informations supplémentaires sur le sujet et la problématique. Ainsi, vous arriverez préparé, ou le cas échéant, préviendrez de votre absence. Si la présence de tous les employés est requise, mais que vous en ressortez, comme souvent, avec la sensation d'avoir perdu votre temps, proposez des réunions en tête à tête ou avec les personnes directement concernées. Il en va de l'efficacité et de la motivation de chacun.

COMMENT ÉVITER LES RUMEURS ET LES JEUX DE POUVOIR ?

Les rumeurs peuvent révéler des dysfonctionnements dans l'entreprise. La communication interne tente de les éviter en maintenant le contact avec les salariés, et en cherchant à trouver ce qui nourrit les peurs, les médisances ou les frustrations. Pour vous aider à repérer les problèmes, analysez les quatre points suivants dans votre entreprise :

- la qualité de la collaboration, autrement dit l'écoute, le respect du cadre, l'expression orale et le débat ;
- l'engagement, soit le climat bienveillant, la cohésion d'équipe, l'élimination de la crainte d'être comparé ;
- la gestion du pouvoir. Géré de façon mesurée, le leadership du manager n'écrase pas les équipes ;
- la résolution de conflit, c'est-à-dire concevoir le conflit comme un moment productif, distinguer la personne du sujet traité, apporter des solutions ou encore encourager le compromis.

Une communication franche et efficace ne peut existe dans un climat malveillant où chacun craint les non-dits et les tensions interpersonnelles. Dans un milieu où ces risques sont atténués, et où la maturité de l'équipe permet à chacun d'exploiter son potentiel (en se trompant, en posant des questions, en cherchant dans le débat des contradictions pour améliorer son travail, etc.), l'entreprise trouve en ses employés une solidarité productive dont les intelligences se nourrissent.

À QUOI SERVENT LES ÉVALUATIONS ET LES FEED-BACK ?

Les évaluations et les feed-back représentent des moments privilégiés qui servent à échanger avec les supérieurs ou à l'inverse, avec les subalternes. N'hésitez donc pas à demander les thèmes qui y seront abordés afin de vous y préparer. Les évaluations sont l'occasion de communiquer sur les désirs, les constats, les idées, mais aussi sur les difficultés rencontrées. Si vous êtes convoqué pour une réunion de ce type, préparez un dossier reprenant vos suggestions, de manière professionnelle, afin de pouvoir en informer vos supérieurs. Lors d'un feed-back, ce dernier vous donnera un retour sur vos compétences et vos attitudes. Écoutez-le sereinement, ne prenez pas les remarques comme des critiques, mais comme des opportunités pour vous améliorer.

DOIS-JE COMMUNIQUER DIFFÉREMMENT SI JE SUIS UNE FEMME ?

Certains hommes n'hésitent pas à rabaisser les femmes en maintenant de fausses croyances (les femmes sont émotives, plus faibles, supportent moins le stress, etc.) et en allant parfois même jusqu'aux remarques désobligeantes. Pour renforcer votre assurance en tant que femme, inspirez-vous des techniques de spécialistes, tels que les postures de puissance d'Amy Cuddy, qui agissent sur le subconscient. Tournez en ridicule ce type de commentaires sexistes et n'hésitez pas à contacter les instances représentatives si aucune sanction ou décision n'est prise pour mettre un terme à ces agissements néfastes. Les partenaires sociaux (syndicats, comités de travail, etc.) peuvent proposer des mesures adaptées pour rétablir un climat serein et civilisé au sein de la communication en entreprise.

<u>BON À SAVOIR</u>

Dans une conférence intitulée « Your Body Language Shapes Who You Are », la psychologue américaine Amy Cuddy explique que modifier sa posture a un impact positif sur la perception que les autres ont de nous, mais surtout sur celle que nous avons de nous. Après avoir réalisé des expériences simples sur des attitudes à prendre pendant deux minutes, Cuddy démontre que le langage corporel a un effet sur le taux de testostérone, sur la tolérance au risque et sur le taux de cortisol. Ces changements hormonaux dirigent le cerveau et nous conduisent à réagir avec un sentiment de puissance ou de stress. Cuddy propose donc d'imiter des postures qui nous mettent dans une position forte et nourrissent notre assurance : mains sur les hanches, torse bombé en avant, dos droit, etc. Appliquez ce conseil aussi souvent que possible en reprenant ces postures ou celles de collègues sûrs d'eux jusqu'à ce que vous vous sentiez plus confiant.

COMMENT RÉTABLIR LA COMMUNI-CATION AU SEIN DE MON ÉQUIPE ?

Le team building constitue une solution efficace pour rétablir une communication saine en entreprise. Pour qu'il soit pertinent, organisez-le autour de sujets liés à votre problématique (résolution de conflits, dynamique de groupe, communication en équipe, etc.). Faites appel à un animateur externe à l'entreprise afin que tous, y compris le manager, bénéficient de l'atelier. Ce qui importe ici, c'est que celui qui joue le rôle de leader dans le groupe montre l'exemple et que chaque individu de l'entreprise participe à la démarche.

À VOUS DE JOUER

S'AFFIRMER

Placez-vous devant le miroir et donnez vos impressions sur :

- votre tenue vestimentaire ;
- votre manière de dire bonjour ;
- le ton de votre voix.

Pensez maintenant à l'un de vos collègues confiant et à l'aise et analysez les différences entre son attitude et la vôtre. Sa manière de parler est-elle en accord avec son style et sa personnalité ? Est-il doux, rapide, efficace, compréhensif ? Quant à vous, votre expression est-elle cohérente avec votre tempérament ? Corrigez les éléments suivant vos réponses.

RESTAURER LA CONFIANCE DANS VOTRE ÉQUIPE

Si vous avez la sensation que des jeux de pouvoir ou des non-dits alourdissent l'ambiance dans votre équipe et ralentissent les projets de l'entreprise, étudiez la situation. Posez-vous les questions suivantes afin de comprendre l'origine des conflits. Vous tenterez de résoudre en interne ceux-ci ou avec l'aide d'un coach lors d'un team building.

- Comment se déroulent les jeux ? Les personnes impliquées sont-elles toujours les mêmes ? Ont-elles les mêmes rôles ?
- Quelqu'un leur a-t-il déjà parlé de leur comportement ? L'avez-vous fait personnellement ?
- Quel comportement remarquez-vous le plus souvent ? Comment expliquer à l'individu concerné que son attitude est néfaste ? (« Pourquoi m'interromps-tu sans cesse ? », « Pourquoi es-tu aussi agressif lorsque tu t'exprimes ? Cela pèse l'équipe. », etc.)
- Positionnez les intervenants sur la grille des états du moi : Parent (nourricier ou normatif), Adulte, Enfant (soumis, rebelle ou spontané). Quelles informations en ressortent ?

Votre avis nous intéresse !
Laissez un commentaire sur le site de votre
librairie en ligne et partagez vos coups de cœur sur
les réseaux sociaux !

POUR ALLER PLUS LOIN

SOURCES BIBLIOGRAPHIQUES

- BASTIANUTTI (Julie) et PETITBON (Frédéric), *La proximité, une stratégie !*, Paris, Dunod, 2015.

- D'ALMEIDA (Nicole) et LIBAERT (Thierry), *La communication interne des entreprises*, Paris, Dunod, 2010.

- DUTERNE (Claude), *La communication interne en entreprise*, Bruxelles, De Boeck, 2002.

- GHIULAMILA (Juliette) et LEVET (Pascale), *Les hommes, les femmes et les entreprises : vers quelle égalité ?*, Paris, éditions L'Harmattan, 2007.

- GOLDSTEIN (Mauricio) et REAO (Philippe), *Petits jeux de pouvoir en entreprise. Comment les identifier et y mettre un terme*, Paris, Pearson, 2012.

- « Les phéromones, des messagers biochimiques qui agissent sur les comportements sexuel et social », in *Nutra News*, décembre 2000, consulté le 8 août 2015.
http://www.nutranews.org/sujet.pl?id=684

- TERRIER (Claude), « L'analyse transactionnelle », in *Cterrier.com*, septembre 2013, consulté le 9 août 2015. http://www.cterrier.com/cours/communication/32_analyse_transactionnelle.pdf

- TONNELÉ (Arnaud), *La bible du team-building. 55 fiches pour développer la performance des équipes*, Paris, Eyrolles, 2015.

SOURCES COMPLÉMENTAIRES

- BERNE (Éric), *Des jeux et des hommes*, Paris, éditions Stock, 1982.

- SCHANDELER (Florence), *Comment être clair dans sa communication écrite ?*, Bruxelles, Lemaître Publishing, 2015.

VIDÉOS

- CUDDY (Amy), « Your Body Language Shapes Who You Are », in *Ted*, juin 2012, consulté le 8 août 2015. http://www.ted.com/talks/amy_cuddy_your_body_language_shapes_who_you_are

- FRIED (Jason), « Why Work Doesn't Happen at Work », in *Ted*, octobre 2010, consulté le 9 août 2015. http://www.ted.com/talks/jason_fried_why_work_doesn_t_happen_at_work

- HEFERMAN (Margaret), « Dare to Disagree », in *Ted*, août 2012, consulté le 8 août 2015.
  http://www.ted.com/talks/
  margaret_heffernan_dare_to_disagree

- « Le visage décrypté », in *Arte*, Allemagne, 2011, consulté le 8 août 2015.
  http://www.dailymotion.com/video/xlwbvf

- « Les odeurs corporelles : un moyen de communication ? », in *Youtube*, Allemagne, 2014, consulté le 8 août 2015.
  https://www.youtube.com/watch?v=PZQJFcbF_ig

- « Non verbal : les gestes qui tuent votre crédibilité », France, 2014, consulté le 8 août 2015.
  https://www.youtube.com/watch?v=k-s_R4yZEuY

- RICARD (Matthieu), « How to Let Altruism be Your Guide », in *Ted*, octobre 2014, consulté le 9 août 2015.
  http://www.ted.com/talks/matthieu_ricard_how_to_let_altruism_be_your_guide

- SNEK (Simon), « Why Good Leaders Make You Feel Safe », in *Ted*, mai 2014, consulté le 8 août 2015.
  http://www.ted.com/talks/simon_sinek_why_good_leaders_make_you_feel_safe